L'INSTRUCTION POPULAIRE

ET

LE DEVOIR SOCIAL

L'INSTRUCTION POPULAIRE

ET

LE DEVOIR SOCIAL

DISCOURS

PRONONCÉ LE DIMANCHE 13 DÉCEMBRE 1874

A LA RÉUNION GÉNÉRALE DES SOCIÉTAIRES DE LA BIBLIOTHÈQUE POPULAIRE

DU VIIIe ARRONDISSEMENT

PAR

LÉON LEFÉBURE

DÉPUTÉ DE LA SEINE

PARIS

IMPRIMERIE TYPOGRAPHIQUE DE A. POUGIN

13, QUAI VOLTAIRE, 13

1875

L'INSTRUCTION POPULAIRE

ET

LE DEVOIR SOCIAL

Messieurs,

Associé aux premiers efforts qui ont été tentés pour fonder l'œuvre dont les résultats vous sont soumis en ce moment, je dois à ce titre 'honneur de présider aujourd'hui votre réunion et de vous entretenir de nos vues et de nos ambitions d'avenir. Peut-être ceux qui ont bien voulu m'adresser cette flatteuse invitation ont-ils aussi pensé qu'un ancien représentant de l'Alsace pourrait évoquer ici un souvenir opportun, en rappelant une province qui était devenue en France la terre classique de l'initiative privée et des œuvres d'instruction. (*Applaudissements.*) Quoi qu'il en soit, je leur rends grâces.

Parler d'une institution dont le but est la diffusion de l'instruction dans le peuple, c'est être assuré à l'avance, Messieurs, de rencontrer l'attention et les sympathies d'un auditoire tel que le vôtre. Comme vous venez de le constater par l'exposé qui vous a été présenté, notre œuvre, créée en 1866, s'est maintenue et s'est développée, en dépit de bien des vicissitudes et de bien des difficultés.

Pendant tout le siége, ainsi que pendant les jours néfastes de l'insurrection de Paris, la bibliothèque est restée ouverte tous les jours. Il s'agit aujourd'hui de fortifier, d'étendre l'action jusqu'ici restreinte de notre œuvre; il s'agit de relier ensemble plusieurs arrondissements, d'utiliser tous les bons vouloirs et de créer dans cette partie de Paris un centre d'instruction destiné à rayonner autour de lui.

Pour atteindre ce but, l'appui de l'Association polytechnique nous

a paru nécessaire; nous l'obtiendrops, sans doute, grâce aux négo-
ciations poursuivies par notre président. Mais la réalisation de nos
desseins, mais la création d'un véritable centre d'instruction pour
les travailleurs, nous ne le devrons qu'à vos sympathies et à votre
dévoué concours.

L'association du 8ᵉ arrondissement a été fondée par un homme
dont je ne puis me défendre de parler, par un homme qui a porté
dans les œuvres généreuses de la paix, dans les œuvres de l'instruction et de la charité, l'ardeur impétueuse que ses ancêtres ont portée
sur les champs de bataille, l'esprit ingénieux et persévérant qui
les a distingués dans les conseils du pays, par un homme dont
les pauvres, les travailleurs, ceux qui souffrent, qu'ils soient vic-
times de la guerre, de l'ignorance ou de la misère, ont connu et
béni le nom : le comte Serurier. (*Applaudissements.*)

Si nous avons songé, Messieurs, à multiplier les moyens d'instruction pour les adultes, c'est que nous avons été frappés des
révélations de l'expérience. Il suffit de consulter en effet les données
de la statistique, pour constater que les progrès de l'instruction dans
notre pays ne se produisent pas en raison de l'augmentation du
nombre des enfants qui fréquentent les écoles, et que la moyenne
des adultes illettrés demeure considérable. L'ignorance encore trop
répandue tiendrait donc principalement au prompt oubli des notions
élémentaires recueillies pendant un trop court séjour à l'école.

La création de nouvelles bibliothèques populaires, l'organisation
de cours publics nous ont paru être les instruments les plus propres
à remédier à cette situation regrettable.

Pour remplir cette tâche, fallait-il nous borner à provoquer l'action de l'Etat, fallait-il nous reposer sur lui ?

Ah! Messieurs, cette tendance, fatale à toute époque, et à laquelle
nous cédons si facilement, n'est-ce point le moment de la repousser
plus que jamais? Si nous considérons les réformes que nous avons
à réaliser dans le domaine de l'éducation et de l'enseignement,
jamais la tâche qui incombe à l'Etat n'a semblé plus vaste et plus
lourde, jamais elle n'a été plus urgente. Sans doute, en arrêtant nos
regards sur certains résultats obtenus, nous pouvons peut-être
éprouver quelques légitimes sujets de satisfaction; je ne suis pas de
ceux qui pensent qu'il faut rabaisser à plaisir devant l'étranger
les progrès et les gloires de notre enseignement, ni oublier que les

hommes éminents qui ont eu l'honneur de diriger l'instruction publique en France, ont presque toujours été emprisonnés dans les limites d'un budget parcimonieux. Que de réformes fondamentales cependant, restent encore à réaliser, que de lacunes déplorables à combler, que d'améliorations urgentes à accomplir !

L'Etat ! Messieurs, n'a-t-il pas, quoi qu'on dise, à relever les hautes études scientifiques de l'abandon où elles sont tombées, à remédier, dans cet ordre de choses, aux excès de la centralisation, à restaurer un grand enseignement national par la liberté et l'autonomie ?

N'est-ce pas un devoir pour lui de s'appliquer, après la leçon des événements, à réformer notre système d'éducation publique, de chercher à bannir de nos habitudes ce déplorable système d'internat, tel qu'il est pratiqué, qui consiste, comme on l'a si justement dit, à créer une société artificielle pour mieux préparer les jeunes gens à la vie, et à les priver des libertés les plus élémentaires pour leur apprendre à se conduire ; étrange innovation du despotisme qui a faussé notre génie propre, énervé chez nos jeunes générations le sentiment du devoir et de la responsabilité, leur a inculqué le mépris de l'autorité et l'esprit de révolte, et demeure l'explication la plus vraie de nos abaissements. L'Etat ! n'a-t-il pas à se préoccuper de tout un ensemble de mesures urgentes, destinées à précipiter les progrès de l'instruction populaire, à élever le niveau des études dans les écoles où se forment les maîtres, à améliorer et à fortifier l'inspection primaire, à organiser sérieusement l'action locale qui doit stimuler, encourager, contrôler le maître ? Ne doit-il pas plus que jamais songer à instituer un enseignement qui offre aux travailleurs de tous les rangs le moyen d'acquérir les connaissances indispensables pour l'exercice de leur profession ?

Ne doit-il pas tout essayer enfin pour transformer en école la prison et la caserne, et forcer les exigences barbares de notre temps à servir, au moins dans quelque mesure, la civilisation ? (*Applaudissements.*)

Tout cela, Messieurs, constitue une immense, une redoutable mission. C'est la grande tâche qui doit dominer toutes les autres. Nous sommes à peine au lendemain du jour où la science a joué dans l'histoire de nos malheurs un rôle éclatant et désastreux pour nous, où nous avons eu ensuite à combattre dans notre sein l'ignorance et la folie stupide qui ont paru un moment sur le point de faire crouler la société.

Tous les problèmes de la situation présente, on peut le dire hardiment, se résolvent dans la grande question de l'éducation. Ce sont les réformes intellectuelles et morales qui sont la condition de notre relèvement ; car il n'y a de changements féconds que ceux qui s'accomplissent dans les choses de l'esprit.

Tout est vain hors de là ! Que de temps perdu déjà, Messieurs, pour mettre la main à cette œuvre de salut.

Hélas ! il faut bien nous le dire, des voix éloquentes nous l'ont rappelé naguère, et, sans nous diminuer, nous ne devons pas craindre de remettre sans cesse devant nos yeux le souvenir et l'exemple d'une nation rivale : tandis que l'Allemagne multipliait ses universités, qu'elle établissait entre elles la plus salutaire émulation, qu'elle entourait ses maîtres et ses docteurs d'honneurs et de considération, qu'elle créait de vastes laboratoires dotés des meilleurs instruments de travail, la France, énervée par les révolutions, toujours occupée de la recherche stérile de la meilleure forme de gouvernement, ne donnait qu'une attention distraite à ses établissements d'instruction supérieure.

A côté de nous se multipliaient ces écoles *réelles*, si merveilleusement appropriées aux besoins de notre temps. La Suisse, la Hollande, l'Allemagne, perfectionnaient encore leurs écoles normales, déjà si fortes, si complètes, dont les examens d'entrée sont plus étendus, plus sérieux que les examens de sortie de nos écoles ; l'Angleterre offrait en grand nombre aux travailleurs ses admirables *mechanic's institutes*. Ces créations, ces réformes, ces progrès, Messieurs, demanderez-vous à la seule action de l'État de les accomplir ? Y a-t-il une puissance qui soit à même de les réaliser, si ce n'est celle qui résulte du concours de tous, de l'initiative et des efforts des citoyens eux-mêmes ?

La nécessité, le plus vulgaire souci de nos intérêts, de notre avenir, le salut, l'existence du pays nous pressent aujourd'hui d'y travailler sans relâche. Mais, reconnaissons-le, depuis longtemps le devoir y conviait les classes éclairées. Ah ! le devoir, le devoir social, quel grand mot je prononce là, Messieurs ; pratiqué ou méconnu, quelles fortunes différentes pour un peuple !

Le devoir social, le rôle et la responsabilité des classes qui possèdent tous les dons!!

J'ai défini ailleurs ce grand rôle, et je n'hésite pas à formuler encore ma pensée; oui, je crois que tout homme qui a sur ses semblables une supériorité de naissance, de talent, de fortune, a contracté une dette envers l'humanité. Je crois qu'il a charge d'âmes; je crois que c'est à ces hommes qu'il appartient de prendre les initiatives généreuses, à eux de servir de guides, à eux d'élever sans cesse le niveau intellectuel et moral des classes moins bien partagées; je crois qu'il faut que ceux qui sont arrivés les premiers fassent, en quelque sorte, la courte échelle à ceux qui les suivent. (*Applaudissements.*)

Là est le nœud de ce qu'on appelle le problème social, problème qui n'est pas nouveau, mais qui, selon le temps et les maux particuliers qui affligent la masse des travailleurs, revêt des aspects différents.

C'est le grand secret qui explique ici les antagonismes et les crises; là, au contraire, la stabilité et la paix sociale.

Secrétaire du jury spécial de l'Exposition universelle de 1867, j'ai eu entre les mains les documents envoyés de tous les points du monde au jury. Ils avaient trait à la condition des établissements industriels et des ouvriers, aux efforts tentés pour accroître le bien-être de ceux-ci et maintenir l'harmonie. Savez-vous, Messieurs, ce que ces documents m'ont appris? Ils m'ont prouvé que partout ou presque partout où le devoir social est compris, partout où il y a de la part des patrons une sollicitude éclairée, veillant sur les ouvriers, partout où ils exercent une action personnelle, où il y a des liens anciens et suivis, l'antagonisme n'existe pas; il y a une marche ascensionnelle vers le progrès moral et le bien-être.

Là, au contraire, où ce devoir est méconnu, où il n'y a ni devoirs ni obligations réciproques entre ouvriers et patrons, c'est l'instabilité, le trouble, l'hostilité qui sont à l'ordre du jour. Eh! Messieurs, n'est-ce point là aussi la condition d'où dépend le premier des biens pour une société, la garantie essentielle sans laquelle rien n'existe, ni liberté, ni prospérité, c'est-à-dire l'ordre, la sécurité? N'est-ce point chez les nations, où les citoyens comprennent et pratiquent leurs devoirs envers la société, où ils agissent et sont les auxiliaires de l'autorité, que les libertés publiques sont assurées et que se développe la richesse?

Je me souviens d'un fait que voulait bien me raconter un homme illustre dont les derniers jours rehaussent encore la gloire et qui nous a quittés, on le peut dire sans flatterie, dans toute la fière et sereine majesté du génie.

M. Guizot me demanda, il y a une douzaine d'années, comment l'ordre, la tranquillité publique pouvaient être assurés à Mulhouse, au milieu d'une population ouvrière si considérable, dans une ville où il y avait à peine une poignée de patrons. Je répondis que les relations entre ouvriers et patrons avaient conservé jusqu'alors en Alsace un caractère patriarcal; qu'on s'occupait beaucoup des ouvriers, et que l'ordre était assuré à ce point dans la ville, que dans ce même moment cette grande cité de près de 70,000 habitants, n'avait pas un soldat pour garnison.

Ma réponse remit en mémoire à M. Guizot le trait suivant qui depuis lors a trouvé place, je crois, dans un volume de ses mémoires.

J'étais à Manchester, dit M. Guizot, et je traversai des quartiers remplis d'une multitude d'ouvriers. Je vis qu'ils enveloppaient la ville et je dis au maire qui voulait bien m'accompagner dans ma visite : « Vraiment le maintien de l'ordre doit vous causer un grand souci. Ces ouvriers sont vos maîtres. Il leur suffit de bouger pour vous écraser, et il vous faut sans doute une force considérable pour les contenir? — Nous avons à peine quelques soldats, m'objecta en souriant le maire? — Vous avez alors une police nombreuse et fortement organisée? — Nous avons une police qui diffère peu de celle des autres villes. — Alors vous possédez un véritable secret pour pouvoir dormir tranquille dans un tel milieu? — Vous l'avez dit, nous possédons un véritable secret, et ce secret, je vais vous le confier : c'est que chez nous les honnêtes gens sont aussi hardis que les coquins! » (*Vifs applaudissements.*)

Voilà, Messieurs, bien simplement dite, une profonde parole.

Oui, il faut que les citoyens agissent; il faut que nous soyons tous aussi entreprenants pour le bien que les méchants le sont pour le mal.

Je répète ici une vérité banale, mais nous sommes dans un temps où il ne faut peut-être pas hésiter à rappeler des vérités de sens commun.

Dites-moi, Messieurs, quels progrès nous accomplirons dans le domaine de l'instruction publique; dites-moi ce que deviendront les lois elles-mêmes et les meilleurs efforts de l'Etat, si l'initiative privée fait défaut, si les hommes éclairés ne remplissent point spontanément leur devoir, si, comme on l'a fait observer avec tant de raison, le savant se tient à l'écart de l'instruction populaire, si le propriétaire croit avoir assez fait en contribuant pour sa part à la construction de la maison d'école, si le fabricant attend que la loi l'oblige à laisser aux enfants le temps nécessaire pour apprendre à lire, si les hommes considérables du pays ne se montrent jamais à la jeunesse, si les magistrats municipaux sont timides ou tièdes? Ces grands devoirs, Messieurs, tous ceux qui font partie de l'auditoire auquel je m'adresse sont prêts à les remplir, je le sais; ils les remplissent déjà; mais ils me diront qu'en présence d'une tâche immense, ils gémissent sur l'insuffisance de l'effort individuel. Il y a peut-être quelque illusion dans ce sentiment de faiblesse, cependant je veux l'admettre. Oui, l'effort individuel ne suffit pas; oui, l'effort collectif est nécessaire; il faut un faisceau de bonnes volontés, d'élans généreux et persévérants, et c'est pour cela que nous avons fait appel à l'association.

Nous ne pouvons, hélas! faire cet appel en France que dans une mesure très-restreinte.

La liberté d'association n'existe pas et l'esprit public s'en est désaccoutumé; obligée de se défendre sans cesse contre des attaques qui la menacent jusque dans ses fondements, la société en est réduite à supprimer une des libertés les plus élémentaires et les plus fécondes.

Et pourtant, ainsi que je me permettais déjà de le faire observer ailleurs, de quel secours la puissance de l'association ne serait-elle point pour cette société déracinée, qui a rompu avec son existence historique, où l'individualisme prédomine de plus en plus, où, pour emprunter la plainte douloureuse de Tocqueville et de Lamennais, les esprits ne sont plus tenus ensemble par aucun lien commun, les intelligences sont dispersées aux quatre vents du ciel, pour cette société à laquelle M. Guizot prédisait que, de divisions en divisions, elle deviendrait un chaos d'hommes sans lien et sans repos!

L'association eût été pour nous comme ces arbres que l'on plante dans les terres mouvantes et dont les nombreuses et solides racines enserrent et fixent le sol. (*Applaudissements.*) L'association,

c'était le groupement naturel, l'expansion des forces et des intérêts, c'était la vie vraie. Nous avons substitué la vie artificielle à
ces foyers, à ces centres de résistance, à ces points d'appui, à ces
attaches énergiques.

Je vous l'avoue, tout en m'inclinant devant certaines exigences de la défense sociale, dans notre pays troublé, où le bon sens et
l'esprit public semblent trop souvent se dérober à la fois, je ne puis
me défendre d'un serrement de cœur quand je vois ce que font à
l'étranger tant de puissantes et nombreuses associations. L'Angleterre en compte d'admirables pour encourager, répandre l'instruction, provoquer et propager les bonnes publications populaires. Ses
citoyens les plus illustres, ses hommes d'Etat en ont pris l'initiative.
Leur budget se compte par millions, et leur action est incalcu-
lable. Les Etats-Unis, l'Allemagne y trouvent un des plus actifs
agents du développement de l'instruction populaire.

Cependant, Messieurs, n'exagérons rien ; si nos associations vivent
d'une vie précaire, si elles vivent de tolérance, nous pouvons nous
associer, et peut-être, — la confession est pénible sans doute, — peut-
être faisons-nous plus encore défaut à cette mâle pratique des peuples libres, que le droit lui-même ne fait défaut à notre activité et
à nos bons vouloirs.

Les mœurs pourraient ici facilement devancer la liberté et l'usage
ferait la mesure du droit.

Qui nous empêcherait, par exemple, si le devoir social était pratiqué parmi nous, d'avoir une littérature populaire ? Les nations qui
nous entourent en ont une, nous n'en avons pas.

Le savant, l'homme d'Etat, le publiciste en renom, le littérateur,
ne dédaignent pas d'y écrire pour le peuple. Ils savent, pour de tels
écrits, chercher et trouver où il faut l'inspiration : ils la cherchent
dans les affections de la famille, dans les luttes et les joies du travail, dans les devoirs, les douceurs ou les chagrins de la vie do-
mestique. Rien de semblable chez nous.

Il semble pourtant que notre société contemporaine, tout impré-
gnée d'idées démocratiques, devait produire en foule les auteurs
populaires, mais non ; les lecteurs restent livrés aux entreprises de
la spéculation mercantile ; on leur jette en pâture de misérables romans ou des feuilles dépravées. Serait-ce parce que la vie domesti-
que tiendrait moins de place chez nous que chez d'autres peuples,

et que les auteurs populaires trouveraient ainsi moins aisément à s'inspirer? Je me refuse, pour ma part, à l'admettre.

Que résulte-t-il de cette absence de littérature populaire? Une extrême difficulté à composer les bibliothèques destinées aux travailleurs, un écueil véritable contre lequel on va souvent se heurter. La difficulté est telle, que certains esprits en sont venus à s'alarmer de la diffusion du goût de la lecture. On s'est demandé où l'on en serait en France si l'ouvrier et le paysan de nos campagnes les plus reculées lisaient certains feuilletons, certains écrits éhontés.

Nous n'avons pas à le contester, le bienfait de la lecture peut devenir un présent funeste.

Mais, Messieurs, empêcherez-vous le peuple de lire? condamnerez-vous l'usage à cause de l'abus, et, comme le disait un illustre prélat, quand la locomotive est sur les rails, lequel est le plus sage, de chercher à l'arrêter ou de s'appliquer à la diriger?

La difficulté même que nous signalons, et à laquelle, d'ailleurs, il peut être remédié, ne doit avoir qu'un résultat : redoubler notre zèle pour les œuvres d'instruction, notre vigilance, notre circonspection dans le choix des livres placés dans nos bibliothèques.

Il faut que nous rendions les esprits capables de comprendre et d'aimer les lectures sérieuses.

Ce n'est point parce que l'on apprend qu'on se perd et qu'on se laisse séduire aux mauvaises lectures et aux folles doctrines, c'est parce que l'on apprend trop peu.

On doit se demander cependant qui garantira ce choix si délicat, si important à faire, qui préservera les bibliothèques des dangers auxquels elles peuvent donner lieu, qui empêchera le poison de s'y glisser?

Ici encore nous reposerons-nous uniquement sur l'Etat, sur l'intervention de la puissance publique?

On a pensé quelquefois que cette seule intervention obvierait à tous les périls, et qu'il suffisait d'armer l'autorité de pouvoirs illimités.

Mais l'expérience a prouvé bientôt combien une telle garantie serait à elle seule inefficace.

Outre qu'on rencontre aisément l'arbitraire dans des mesures préventives, et que la proscription frappe tour à tour, selon les vicissitudes politiques, les uns et les autres, combien est peu de chose cette action auprès de celle des mœurs, auprès de l'intervention des citoyens eux-mêmes !

C'est à vous surtout, Messieurs, c'est aux classes éclairées à faire la police des bibliothèques; c'est à vous de proscrire impitoyablement les écrits corrupteurs.

Vous voudriez le profit sans la peine, la victoire sans l'effort ; vous ne l'aurez pas. Comme nous le disait, dans un si mâle et éloquent langage, l'illustre secrétaire perpétuel de l'Académie des sciences : nous qui déplorons la mauvaise direction du théâtre et de la presse, ayons ce courage, faisons des livres pour le peuple, suscitons des journaux selon nos convictions. On publie des romans dissolvants : ne soyons pas les premiers à les lire et à en faire le succès et la vogue. On donne des spectacles éhontés, n'allons pas les applaudir et montrer au peuple le chemin des lieux où nous condamnons sa présence. Nous voulons que la France soit moralement relevée et raffermie; nous voulons que la force morale remplace peu à peu la force matérielle ; nous voulons que le peuple respecte 'autorité, qu'il s'incline devant ce qui est juste et grand, prêchons d'exemple. Apprenons-lui à respecter ceux qui croient, ceux qui conservent, avec la foi, le secret de tous les grands dévouements et la flamme du patriotisme. Disons comme ce gouvernement de l'Union américaine dans un remarquable document officiel, en parlant des nouveaux États : « Nous veillons à ce qu'ils restent religieux pour qu'ils nous permettent de rester libres. » (*Applaudissements.*)

Tout repose en définitive sur l'action personnelle du citoyen, sur l'effort persévérant, sur l'esprit de sacrifice des classes éclairées.

Les réformes fondamentales que nous avons à réaliser ne peuvent s'en passer, mais ces réformes elles-mêmes, je le répète, seront vaines, si nous ne nous attachons pas de toutes nos forces et avant tout à celles qui ont trait à l'éducation et à l'instruction.

Ce n'est point sans raison qu'un grand esprit disait qu'en réformant l'éducation on pourrait changer le monde.

Les institutions politiques pas plus que les formes de gouvernement ne portent en elles-mêmes leur excellence. Celles qui paraissent les plus parfaites sont parfois inhabiles à rendre un peuple libre et prospère ; les fruits qu'elles produisent dépendent de l'état des idées et des mœurs.

L'éducation, l'instruction, voilà donc pour nous l'œuvre essentielle, la condition première de notre régénération. Allons enfin vers les choses principales, ne les perdons pas de vue pour les secondaires ! Comme l'entente serait facile et prompte entre les hommes de bonne foi si l'on voulait ne plus songer qu'aux mesures essentielles, vitales, qui pourraient remettre debout notre malheureux pays ! Quand donc cesserons-nous de nous égarer dans les compétitions de parti et d'enfermer le salut de notre patrie dans la victoire de nos opinions personnelles ! Finissons-en avec les querelles de mots. Ne ressemblons pas à des gens qui disputent sur ce que portera l'enseigne placée au-dessus de la porte de la maison et qui laissent pendant ce temps s'écrouler l'édifice, oubliant de réparer ses fondations. Ah ! si les partis en France avaient pour objectif des réformes sérieuses, si au lieu de viser uniquement à renverser le pouvoir établi pour y substituer leur domination et gouverner ensuite avec les mêmes errements, ils voulaient sincèrement améliorer, corriger, en quel autre état nous serions !

Les réformes malheureusement sont toujours le drapeau sous lequel on escalade le pouvoir. Au lendemain du succès on songe à se fortifier et à se défendre contre les partis vaincus, et les réformes sont oubliées.

Mais il ne sert de rien de récriminer, Messieurs, agissons, prêchons d'exemple.

Vous êtes en présence d'une œuvre modeste, mais qui a vécu, qui a grandi.

Il dépend de vous d'étendre son action, de multiplier ses résultats, d'en faire un foyer d'instruction.

Donnez-lui un concours de plus en plus actif, donnez-le sous la forme qu'il vous plaira, argent, dons de livres, collaboration pour les conférences.

Trouvez-lui surtout des auxiliaires. Et comment n'en trouverions-nous pas dans cette grande ville ? Tournons-nous donc vers elle, Messieurs, vers cette immense cité que l'on accuse d'être une école de révolte et de corruption, d'enseigner au pays le mépris du droit et de la loi, et disons-lui : Sache enfin confondre tes détracteurs en faisant apparaître à leurs yeux le Paris qu'ils méconnaissent ; rappelle à toi ces élans généreux, ce dévouement patriotique, cette persévérance à toute épreuve, cette foi dans tes efforts dont tu as étonné l'Europe pendant de longs mois et qui sont trop vite oubliés !

Cet or, que tu n'hésitais pas à prodiguer pour acheter des canons ou pour libérer le territoire, prodigue-le aujourd'hui pour payer des maîtres, pour répandre l'instruction et assurer à tous ce pain de l'intelligence.

Cet immense rayonnement, cette force de propagande que nul ne saurait t'enlever, mets-les au service d'une vaste croisade contre l'ignorance. Que tes premiers écrivains ne dédaignent plus d'écrire pour le peuple!

On t'accuse d'être féconde pour le mal, prouve que tu es aussi féconde pour le bien; fais éclater la puissance et la générosité de tes œuvres, et appelle sur ce terrain l'union des esprits sensés et patriotes!

L'heure est passée, Messieurs, où nous pouvions nous diviser impunément; nous marchons à travers les difficultés, les menaces et les périls. Voilà, du moins, un programme et des devoirs sur lesquels il ne semble pas possible que l'accord ne s'établisse point. Cessons d'épuiser en luttes stériles des forces que nous sommes tenus d'employer à refaire une France.

Ne nous disputons pas la vaine gloire de faire triompher nos préférences de parti, ne nous disputons pas le pouvoir, disputons-nous le zèle dans le service du pays, dans l'accomplissement des grandes réformes d'où dépendent son salut et sa grandeur. (*Vifs applaudissements.*)

PARIS. — TYPOGRAPHIE A. POUGIN, 13, QUAI VOLTAIRE — 1896